A TUMBA ABIERTA

ExLibric

TERESA PÉREZ DEL PINO

A TUMBA ABIERTA

EXLIBRIC
ANTEQUERA 2023

A TUMBA ABIERTA

Diseño de portada: Dpto. de Diseño Gráfico Exlibric

Iª edición

Editado por: ExLibric
c/ Cueva de Viera, 2, Local 3
Centro Negocios CADI
29200 Antequera (Málaga)
Teléfono: 952 70 60 04
Fax: 952 84 55 03
Correo electrónico: exlibric@exlibric.com
Internet: www.exlibric.com

ISBN: 978-84-19827-28-9
Depósito Legal: MA 816-2023

Nota de la editorial: ExLibric pertenece a Innovación y Cualificación S. L.

TERESA PÉREZ DEL PINO

A TUMBA ABIERTA

A todos aquellos que sentimos,
que vivimos con el corazón de par en par,

dejad la puerta siempre abierta.

Índice

Inicio

Cada paso sumaba en mi andar,
a cuentagotas,
mientras llevaba sobre mis espaldas
el peso del arduo caminar.
Los rastros del esfuerzo
colmando de humedad la frente,
ahogando mi vista,
encorvando mis sentidos,
mi fortaleza, hacia abajo,
al rastro que iba dejando
en el camino,
el dolor atenuante que escapaba
entre mis poros a cada paso.

La fatiga. La tensión.

Uno más, otro tras este.

Otra vez.

Más.

Un repetitivo vals
que marcaba la única dirección a seguir
por las doloridas plantas;
un recordatorio constante en cada destello rojo

a no detenerme.
hacia donde ansiaba llegar.

Aunque nadie diría todo lo que costaría
en ocasiones:
vaivenes suaves, las dulces compañías,
la calidez empapando tus huesos,
piedras afiladas clavándose en tu talón,
la fría soledad, perder la brújula
que guiaba pasos dudosos.

Era aún más difícil distinguir
qué camino debía seguir
hasta llegar a casa.
O dónde podría encontrarla.
Qué desvío escoger, dónde parar
y, si acaso, debía hacerlo;
el azar y la decisión
en las dos caras de una misma moneda,
una balanza con dos elecciones
dispuestas sobre la mesa
con la promesa del libre albedrío,
si es que lograba recorrer ese camino,
al que llamamos vida
en un relato de los días y las mil y una noches
que anduve buscando mi alma.

BÚSQUEDA

NACER

Un ligero cosquilleo
recorría la superficie de mis párpados;
un frío beso me liberaba
del estupor del pasado crepúsculo;
el aleteo de las pestañas chocando entre sí,
que despertaba mi vista a duras penas,
tratando de adaptarse a la realidad
que se hacía presente ante mí.

No estaba segura de aquel viaje,
de aquella aventura que decían que era vivir,
que se escuchaba a regañadientes
a través de la estancia translúcida
que me acogía.
Y aunque no me sentía del todo lista,
y quizás es que uno nunca
esté preparado para salir,
para mostrarse enteramente desnudo
ante un mundo hambriento y desconocido,

con lo poco que tenía,
me disponía a ser,
cubierta únicamente de mi piel,
esperanzas, nervios y miedos,
con un torbellino sajando mi interior,
reconcomiéndome ante la espera

de qué habrá al otro lado
de este cálido y seguro hogar;
de mi ceguera y desconocimiento intencionado,
la no-decisión, sin más misterio
que un día tras otro en dicho lugar.
Aguardaba el momento
mientras mi cuerpo cobraba sentido;
me mantenía en silencio
a punto de hacer una entrada triunfal,
a punto de empezar algo
que desconocía por completo.

Junto con las luces y sombras
que empaparon mi inexperta vista,
los sonoros gritos que profirieron
mis hinchados pulmones buscando aliento,
dándome la bienvenida a este dichoso mundo,
colmando de vida mis ojos,
creando un paisaje sin igual
y, por un instante, calmando el desasosiego
y el llanto.

Quizás,
abrir los ojos no era más que un inicio
de aquel despertar.

Dos palabras

Por
favor.

EROSIÓN

Recorrí un arduo camino,
observando a cada instante la cima
de aquella interminable subida,
siendo presente de cada estrechez y dificultad,
de hasta el último obstáculo que se interponía
entre mi destino y yo misma.
Y esa implacable subida,
la gloriosa búsqueda
de lo que esperaba conseguir,
no era más que el principio.
Solo el primer paso en el mapa
hasta el glorioso tesoro,
marcado con una gran equis roja.
Lo único que me frenaba era yo misma.
Mi vista era mi venda, mi ceguera.

Ahora solo nos encontrábamos ella y yo,
una lucha de tú a tú,
de resistencia, de desgaste,
la última en pestañear, quien no se rinda,
sin percatarme de que, de una forma u otra,
yo perdería aquella batalla.
Y quedaba por decidirse qué parte de mí
se alzaría con la victoria
al final del camino.

Sin norte

Era difícil dejarse llevar.
Era algo más que difícil,
terriblemente incomprensible que mi cuerpo
no se partiera en pedazos
ante una fuerza del tal magnitud.
Mi cabeza, este.
Mi corazón, oeste.
Mi ser dividido y enjaulado
en una brújula sin norte,
mareada en el sinuoso giro de la perdida aguja,
jugando a la ruleta rusa
con aquella bala solitaria,
bailando en la recámara,
aprisionada contra la pared
con la afilada aguja sobre mi pulso,
sin escapatoria.

A la deriva, sin saber a dónde ir,
dónde quedaba mi lugar,
con una ruidosa batalla campal a mi alrededor,
llamándome, preguntando
por el siguiente paso,
cuestionándome con sus miradas,
exigiendo respuestas,
mientras mi pecho y mi mente
se desgarraban en bandos contrarios,
deseosos de sangre.

¿Qué hago con todas esas voces?
Y ahora, ¿a dónde voy?
Porque no sé si conozco la respuesta.

Soñar

Abro los ojos para soñar.
Los cierro para poder vivir.
Mi piel siente otras vidas,
experiencias desconocidas
que se entrelazan y acarician mi corazón.
Palabras que forjan mantras,
que se graban a fuego
sobre heridas.
Cicatrices que se colman corazas.
Así es como puedo resistir,
con el escudo y consuelo sobre mi pecho
de murallas de papel y tinta;
de mil historias que engrandecen
la mía propia,
que resguardan mi alma bajo las páginas
que conforman mi reflejo.

Así es como puedo soñar.

EN LLAMAS

Aquel ser parecía salido de otro tiempo,
anclado en un escenario
que se plegaba ante su presencia,
conteniendo la respiración,
observando curioso y atento,
buscando capturar cada detalle
que dejaba a la vista,
mientras este se mantenía ajeno,
deleitándose en el suave vaivén
de su cuerpo al compás
de una invisible banda sonora,
bailando un vals con el fuego frente a frente;
ámbar reluciente bajo el foco candente,
una joya extinta,
con el reflejo de las llamas en sus ojos,
ondulante peligro,
siendo la mano que se acerca lentamente,
deslizando su cálido y sensual tacto
sobre tu mandíbula,
adentrándose en los zozobrosos valles
de sus labios, rosadas carreteras
que ansiaba perfilar con su dedo.
Y, aun así, permanecía espectador,
anhelando en la distancia el mínimo roce.

La súplica del mísero contacto
de sus miradas una única vez,
rogando ser testigo
de una infame muestra de valor
que le permitiera arrojarse a ellas,
a las llamas que le envolvían,
ansiando quemarse,
probar qué sentiría al abrir las puertas
que custodiaban aquel incendio
en el que se había convertido su corazón.

Olvido

Esos momentos eran dulces.
Si cerraba los ojos,
podía sentir cómo el azúcar
palpitaba al colisionar contra mi lengua,
invadiendo mis sentidos más primarios,
mientras corría un tupido velo
a lo que ocurría entre bastidores,
acorralando a la razón contra la pared.
golpeándola salvajemente,
incapaz de sostenerse sobre sus rodillas,
para depositar su maltrecho cuerpo
en el interior de una oscura y fría bolsa.
Pero todo son sonrisas demasiado amplias,
brazos confiados sobre el hombro
que te dicen «todo está en orden»
y te guían en dirección contraria.
No sabes qué es lo que has visto antes,
mas sigo embriagada por esa dulzona sensación
que empalaga mi conciencia.
Todo va bien.

Y a cada paso,
cada trago se torna más amargo,
menos correcto,
más falso.

Tratas de recordar
por qué empezó todo,
a medida que me empapo
de esa huella oleosa que toma protagonismo.
Sobre mi lengua no abundan
agradables sabores;
solo el amargo y profundo sabor
de las mentiras que quise olvidar.
y no pude.

Lista de la compra

Vinagre.
Huevos.
Medio kilo de valentía.
Aceite.
Fresas.
Una pizca de confianza (se me olvidó).
Y sinceridad, que la última vez no había.

QUIEN ROBA A UN LADRÓN

Te sientas sobre esa silla,
sintiéndote el rey del universo.
No únicamente el rey
de este frágil y egoísta mundo,
ya que puedes coger, ansías todo.
Puede ser tuyo y quieres que lo sea.
Jugar a ser Dios, patrón,
alzando y derribando a pleno antojo
con una mísera elevación de tu dedo.
Tu mirada forja miedo.
Sin transformar a las personas en piedra,
obtienes su rendición en una justa victoria.
Si la justicia no tuviera el cañón de tu yugo
contra el costado, podría ser cierto.
Ser cierto el poder que corre por tus venas,
que rige mares, montañas y seres,
aun siendo, simplemente, un hombre.

Todo es un truco, fruto de la magia.
Un giro de muñeca, un puño cerrado
que aparece y desaparece.
Tu poder se escurre de la palma de tu mano
como el reloj en tu muñeca.
Solo es necesario un pestañeo.

Antes no había nada en mi mano,
pero al volver a abrirla
es cuando ocurre el cambio.
Lo que antes fue tuyo, ahora es mío.
El deseo hace al mago
y el poder, al ladrón.

(IM)POSIBLE

El celeste se tornaba lila a cada minuto,
sumergiéndose en el plácido respiro del descanso,
atemperado por manos sosegadas
que recorren los centímetros
de piel al descubierto,
trazando con sus yemas
líneas sonrosadas y calientes
que cobraban vida,
creando un mapa inentendible a ojos ajenos.
Algo que solo sería de ambos,
que gritaba al resto del mundo
que él era suyo.
Escrito de la tinta que manaba
de sus dedos y su corazón
en una sólida promesa acabaría.
Terminaría ganando la carrera
al tiempo, a lo imposible.
Antes de que oscureciera
estaría con él
de una forma u otra.
Día tras día.
Décadas y siglos.
Encontraría la manera.
Incluso si significaba tener que romper
las leyes que regían este mundo.
Así lo haría,
si con ello pudiera despedirse
con el beso que les fue negado.

FRÁGIL

Las expectativas
son las posibilidades razonables
de que algo suceda.
Tuve la esperanza de que pasaría,
no era imposible de pensar.
No pedía a las montañas que se movieran,
ni a los árboles que se alzaran sobre sus pies
y bailaran la canción de la primavera.
Además, la esperanza es lo último que se pierde.
Todos lo decían.

Lo repetí frente al espejo,
en la oscuridad de la noche,
mientras mi mente divagaba en el patchwork
de sombras en el techo;
mientras el agua resbalaba por mi cabeza,
tratándose de llevar las dudas junto al jabón.

Me lo repetía mientras observaba
a través de mi ventana
a las hojas tornarse ocres,
cambiando y desnudando su forma,
sabiendo que aquellas hojas
jamás podrían permanecer en invierno.
Y jamás debí creerte cuando dijiste
que todo estaba bien.

S(ELECCIÓN)

MATRIX

Mis primeros pasos fueron libres
en aquel entonces;
vacilantes,
pero siempre libres.
Entonados por uno de los pilares que rigen
nuestra diminuta y mortal existencia:
eres libre.
Y allí mismo,
mientras me hacía eco
de mi independencia,
entendí que siempre me encontraría atada a ella.
En cada momento,
que vivía y respiraba,
me llevaban de la mano a un lado y a otro,
dándome a elegir
y teniendo que decidir.

¿Qué es lo que quieres?
¿Prefieres esto, o quizás no?
¿Lo eliges?

Me encontraba entre la espada y la pared,
en un tira y afloja
del que no me habían hecho partícipe antes.
El miedo, la duda,
serpenteaba entre mis dedos,

mientras intentaba decidir
qué era lo correcto
y si alguna vez lo sabría.
Porque dichos instantes
me corroían por dentro,
mirando hacia atrás y preguntándome
cuál habría sido el camino que viviría ahora
si hubiera cogido la otra mano
que se alzaba ante mí,
temiendo perder el control,
temiendo equivocarme,
ahora que no podía volver atrás.
Y, sin embargo, deseando esa libertad
tan pura y venenosa que fluía,
con el terror de quedarme encerrada
entre los muros que sentía
que se alzaban a mi alrededor
a cada paso que daba,
siendo Neo en una misma historia,
pero con diferente protagonista,
temiendo el desasosiego
de elegir aquella pastilla roja,
de perder por completo el control,
de no saber cómo de duro
golpearía en realidad la vida.

Pero en esa elección decisiva
elegiría por y para siempre
a aquella mano que se estiraba

para coger la mía;
escogería a la libertad como compañera,
aunque me dañara en tiempos venideros,
y viviría, eligiendo una y otra vez
morir de pie, que vivir esclava
una vida entera de rodillas.

TSUNAMI

Un dique a punto de desbordarse,
eso era aquella lágrima
que se aferraba con uñas y dientes
a la temblorosa comisura,
temiendo lo peor si osaba caer.
Aunque no sería culpa suya,
si acaso sería libre de volver a participar
en aquella desdichada obra.
Pero no podría retroceder;
si perdía el equilibrio,
no habría nada que pudiera contener
el bravo océano
tras las cristalinas compuertas.
No más dramas
sin máscaras
que ocultaran la verdad
que se escondía en cada grieta.
No más mentiras.
Así que cierro los ojos
y aprieto con una fuerza atroz
la mandíbula,
asiendo con presteza
a la escurridiza lágrima,
acorralándola frente a las puertas
con una expresión amenazadora en el rostro,
advirtiéndole que sabía lo que ocurriría
si intentaba escapar.

Aúlla mientras cae junto al resto,
con las asfixiantes olas
golpeando las alturas del dique,
deseando huir,
creyendo que no hay peligro,
si no sintiera cómo el impetuoso océano
hostiga las puertas, deseando entrar.
Y ahora sólo veo su sombra,
alzándose sobre mí,
que amenaza con ahogarme
desde dentro.

DEL AMOR AL ODIO

Sostenías mi mano en ese momento
al borde del precipicio,
levitando ante ojos del peligro,
desafiando su ley,
rodeada de vacío,
pero anclada a ti,
dominada por la gravedad de tu mirada,
y la fe que alimentaba mi débil agarre,
aferrándome a un clavo ardiendo,
dejando mi piel al rojo vivo,
desgarrando mi brazo,
mientras mi corazón clavaba desesperado
las uñas sobre ti,
y mi alma temblaba
en busca del consuelo de tu abrazo,
esperando ansiosa
el doloroso tirón que volviera a unirnos,
hallando tu fría mirada como respuesta,
mientras tu mano se abría lentamente
y se llevaba todo lo que fuimos,
todo lo que era.

El amor caía, permitiendo al odio
surgir a tu espalda.

Dicen que del amor al odio
solo hay un paso.
Del filo al vacío,
nada fue necesario.

BAJO LA CAMA

El frío de la noche
traspasaba el delgado cristal,
sintiendo su afilada huella
sobre mi frente apoyada contra este,
empañaba mi visión,
producto de la agitada respiración
que escapaba de mis temblorosos labios,
quebrantando la amarga melodía
con el despliegue de las profundas lágrimas
que bañaban, río abajo, en sal
las ardientes mejillas,
encontrándome extraña
en aquel esponjoso pijama celeste demasiado grande,
engullendo cada extremidad,
asiendo fuertemente la lanuda pata del perrito.,
buscando aferrarme a la frágil seguridad
que su contacto me ofrecía,
desesperada por no ahogarme en el océano tallado
por lágrimas y asfixiantes pensamientos,
sintiéndome a los pies de un mundo
que desconocía,
empapándome de la constancia
del nocturno cielo,
ansiando respuestas
en las brillantes certezas del cielo,
clamando contra el helado cristal,
por favor.

Porque necesitaba saber.
Tenía que saber si solo era una pesadilla,
si debajo de la cama se escondía un monstruo,
o es que ese monstruo habitaba en mi cabeza.

SACRIFICIO

Un doloroso goteo
que sacudía sin descanso,
golpe tras golpe,
las fuerzas que me sostenían.
El brusco tirón del pelo que arranca
calientes lágrimas,
dibujando saladas líneas
que se entremezclan entre los rojizos hilos
y manchas púrpuras que explotan en mi rostro.
El silencio demandante,
sobrepuesto a los suplicantes sollozos
que resuenan en estéreo.
Me cuestiona con su cabeza ladeada,
preguntándome si deseo que pare.
Mis ojos se detienen en la figura tras el cristal.
Vuelven a posarse en el monstruoso silencio
con una expresión inmutable.
Con un exhausto sometimiento
alzo mi cabeza, cojo aire
y pongo la otra mejilla.

Niña mala

Toda mi vida me sentí una niña buena.
Una niña buena se porta bien,
no da problemas.
Sonríe, no llames la atención.
No dramatices.
Oh, no llores, cariño;
límpiate esas lágrimas.
Continúa y sé simpática.
Una buena hija, hermana, buena amiga.
Sé agradable con los demás.
Entrega todo lo que eres.
Valdrá la pena,
aunque puedas pensar que duele.
Aguanta, si sólo es un poco de dolor.
Se pasará.
Sigue el papel, ¿para qué salirte del guion?
Una niña buena actuaría
como se espera que lo haga.
Y tú eres una niña muy muy buena, ¿no?

Lo fui demasiado tiempo.
Las niñas buenas sufren,
y ahora deseo hacerlo todo mal.

CICATRICES

Me desgarro el pecho entre lágrimas,
rompiendo capa por capa,
buscando llegar al carnoso centro,
fruto de cada una de las desdichas
que amenazaban con destruirme en pedazos,
ahondando en aquel desastre
con las uñas ensangrentadas hasta la raíz,
ahogando en aquella carnicería
el dolor que atenazaba mi corazón
hasta los cimientos más bajos,
deseando despojarme por completo
hasta que no quede nada
que pueda romperse,
para que no quedara rastro alguno
de cuanto perdía
cada vez que me herían.

CUADERNO DE BITÁCORA

Un día más:
ruego, orden, afirmación.

LLAMADA A LAS 2 A. M.

Batallando contra la mirada
que me devolvía el espejo;
retando al monstruo que acechaba
bajo las sombras a salir,
a mostrarse sin trucos
ni medias verdades.
Porque para enfrentarme a la terrible bestia
que deseaba clavar sus afiladas garras sobre mí,
tendría que utilizar todas mis armas.

Si eso significaba abrir las puertas
al monstruo que hibernaba
en la cálida oscuridad,
lo haría.
Le daría la bienvenida a su vago recuerdo,
como el traje que se ajusta a la perfección,
sin esfuerzo,
sin haber permanecido al fondo del armario,
únicamente tapado bajo la tenue tela
que ocultaba su palpitante presencia.

Estuvo ahí desde el principio,
sin necesidad de abrir ninguna puerta;
siempre permanecieron abiertas,
con el monstruo agazapado en la entrada
a la espera de la llamada
que sabría que llegaría.

EN CASA

La línea que les separaba, en realidad,
era minúscula, comparada con la distancia
que les dividía en ese momento,
entre tantos obstáculos,
en medio de los oceánicos metros
que les alejaban,
frente a frente,
a una palabra, una mirada
de romper la frágil línea y separar las aguas.
Ser Moisés,
ansiando tierra prometida
entre mares y zarzas ardientes,
buscando puerto seguro:
el hogar, la paz.
Solo tenía que acercarse,
atreverse a entrar en la tormenta
con todo lo que significaba,
a dar un paso tras otro,
acercarse de cara a la marea,
para dejar caer el ancla
en el fondo de su mirada
y quedarse en ella, entre las olas,
para siempre.

MENTIRAS

Todo tu yo guarda silencio.
Callas,
mientras tu mirada grita a voces,
observando el tejemaneje
a través del iridiscente reflejo
que rompe la pasmosa calma.
Entre los restos de perfume
huele a mentira.
Siento el dolor en el costado
antes de que el brillo metálico del puñal
se cuele entre la oscuridad de tus ojos.
Mi corazón se lamenta anticipado
de las palabras que no llegan a formarse
en tus labios.
Solo puedo interpretar mi papel,
actuando en esta gran obra
con los personajes que tan bien creamos.
Sangre de nuestra sangre.
Carne de nuestra carne.
Siendo más reales, más palpables,
que las personas que creíamos ser,
esbozando una delicada sonrisa
con pasmosa calma.
Y digo que no pasa nada,
mientras la sangre empapa mi talón.

CESURA

INVISIBLE

Miro atrás.
No había nada, ni nadie,
creyendo haber escuchado
mi nombre en el viento,
llamándome.
Pero me detengo otra vez,
girando mi cabeza,
mirando nuevamente,
buscando,
olvidando
que cuando te fuiste,
lo hiciste sin volver la vista atrás.

IGNIS

Silenciaste mi voz
por miedo a que tuviera
la suficiente fuerza para ser escuchada.
Negaste que mi mente se alimentara
de historias y verdades,
impidiendo que me armara,
escondiendo mi placer
entre los pliegues de la vergüenza,
guardando bajo llave la libertad,
que deseaba volar libre.

Me quemaste buscando que fuera un recuerdo
perdido entre las llamas.
Mis cenizas se desperdigaron en el aire
y en el tiempo, junto con mi espíritu,
alimentando,
colándome a lo largo de la extensión
que llamaban humanidad,
en esa engrasada maquinaria
que parecía no detenerse.
En mí viven las que fueron,
las que son
y las que serán.
En nosotras vive el coraje,
la fuerza necesaria
para romper la rueda.

PESADILLA

Todo cambia a la velocidad
de un chasquido de dedos.
Aun dormida, siento mi respiración fatigada
en un violento forcejeo
que emprende contra mis costillas,
apartando a empellones el mínimo obstáculo
que encuentra a su paso,
buscando salir precipitadamente.

El corazón cabalga furioso;
sus latidos, su golpeteo resuena con fuerza
a lo largo de todo mi cuerpo.
Solo tengo la absoluta certeza
de que esto no es un sueño.
Cuando mis ojos parecen abrirse,
se percatan demasiado tarde de su error.
Todo gira y se precipita.

Ser vagamente consciente del empujón
que me hace alzar los brazos hacia la nada.
De no sentir el peso del colchón bajo mi espalda,
incapaz de aferrarme, aterrada y siendo testigo
de la gravedad que me envuelve,
tirando de mí con ansia.
para hacerme caer.

Solo cierro y abro los ojos
en un intento desesperado de despertar
del horror que me rodea.
Del terror de caer descontrolada,
sin poder detenerme,
antes de caer en esa pesadilla
que tanto tiempo atrás
me echó el guante.

Erupción

La ira bullía corroyendo mis entrañas,
inundándome de un asfixiante fuego
que amenazaba con calcinarme
desde lo más profundo.
Pero me mantiene en el sitio,
pegada al asfalto,
inmersa en la burbuja de ruido,
carne y caos que me rodeaba,
absorbida en esa absurda inmensidad
que apabullaba
cada mísero centímetro de mi piel,
congelada allí mismo,
con mi interior sintiéndose
un volcán en erupción.
Me quemo viva en silencio,
mientras todo sigue
y cada engranaje continúa girando.
La cuestión es ¿cómo enterarse?
Mis cenizas se las lleva el viento,
todo lo que callé.
Y, ahora, ya no queda nada.

ADIÓS

Nunca se me dio bien decir adiós.
Mentiría si dijera que quise hacerlo.
Porque supe,
cada una de las veces,
que una parte de mí se marchaba
en aquel adiós.

Y en el siguiente.

Y el siguiente…

A SOLAS

Escucho a los demás
mientras las risas y la música
les hacen el coro.
Hasta la luna y las estrellas
parecen hacerse eco de la conversación,
atentas,
con las manos bajo la barbilla,
deleitándose de la mundana charla.
Siendo yo, un mero reflejo,
sentada sobre una vieja silla
como una flor durante la noche,
recogida en mí misma.
Mis ojos se empapan del ambiente.
Escandalosas risas, ojos brillantes,
esas sonrisas que estiran hasta los límites.
Me siento bien.
O no tan bien.

Y en ese sentir se cuela el silencio,
enmudece el alrededor.
Mi sonrisa no llega hasta mis ojos.
Se convierte en una pegatina
puesta sobre mis labios,
a la que suplico que dé la talla.
Observo al resto, perdida en la vorágine
de un único pensamiento

que acalla sus voces,
cuestionando a mi corazón
por qué me siento así
en un momento como este.
Él comenta que se siente extraño.
Y yo le respondo
que no sabía que podía sentirme
tan sola sin estarlo.

ÓXIDO

Erais la hiedra que se enredaba
sobre cada extremidad,
retorciendo su correoso cuerpo
sobre cada una de las heridas abiertas.
Una diana fácil de acertar.
Una postilla que vuelve a arrancarse,
sabiendo que volverá a ocurrir,
mientras se colorea y brota
en una fuente carmesí.
El venenoso mordisco
que inunda por completo
alma, cuerpo y mente.
El abrazo asfixiante de una boa
que cree ser amable.
Eran tontos deseos esperar vuestra ausencia.
Aparecíais al girar la esquina,
chocando de frente y dejando en el rostro
la sorpresa del reencuentro
y el agrio recordatorio
de que nada podría salir bien.
Con tu pesado brazo sobre mis hombros,
enumerando todos los profundos secretos
que guardaba en el fondo del mar,
siseando pensamientos
que quería olvidar, esconder,
que ya no importaban.

Pero que solo tú deseabas mostrar,
señalando con tu dedo acusador
cada uno de ellos en el espejo.
Porque no era tan buena como creía,
ni tan inteligente,
merecedora de quienes me rodeaban,
ni especial,

hasta que no supiera dónde empezaba yo
y dónde acababa el miedo.

Roma

Me inundaba el placer,
al igual que las llamas recorrían
cada centímetro de la estructura,
lucrándose en toda su extensión,
deleitándose en el oscuro recreo
de la destrucción,
hasta los cimientos
de todo lo que era y había sido,
hasta que no quedara nada,
ni siquiera el recuerdo
de lo que fue en otro tiempo.
Ya no era más que tierra quemada;
el lugar de una batalla campal
que no había dejado supervivientes;
la sal reptaba entre mis dedos,
buscando tomar tierra,
buscando purgar enteramente aquel lugar.
Nada podría brotar.
Otro punto inerte atado en corto,
estando segura de que no se repetiría,
de que no volvería a causar problemas.
El raudo trago de tequila
se asegura de quemar todo a su paso,
eliminando cualquier resquicio.
No queda más que ausencia.

El ácido mordisco del limón
acaba con la tortuosa sensación
de la tirita arrancada de cuajo.

Roma no se creó en un día,
pero su final se redujo a uno.

TRES PALABRAS

Un beso tuyo:

un determinante,
un sustantivo
y un adjetivo posesivo.

Jamás pensé que me harían tan tuya.

JAQUE MATE

Inconmensurable.
Tan extraño y maravilloso en un mismo instante,
mutando ante mi minúscula presencia
la aparición del amanecer
y del nocturno crepúsculo,
observando el desvanecimiento
y la creación a partes iguales
en un reparto de cartas formulado
por un experto crupier,
en el constante equilibrio natural,
en un vaivén superior a ti y a mí,
desconocido lector.
El abrazo que nos abarca en una realidad
tremendamente incierta,
encontrándonos inmersos en un juego
del que siempre desconoceremos
la próxima jugada.
Inexplicablemente,
obrando ser dioses en una partida
donde llevamos las de perder,
sin oportunidad de permanecer en tablas,
alzándose conquistador sin necesidad
de pronunciar palabra alguna,
creyéndonos ganadores en una partida
que aún no ha terminado,

cuando continúan los movimientos,
en una ofensiva atroz,
en respuesta a las heridas
que jamás podrán cicatrizar,
siendo simples espectadores en un trágico *show*
del que somos protagonistas

del agua, el aire, el fuego y la tierra,
de la promesa de venganza eterna,
ante aquellos que jugaron a ser divinidades,
que creyeron que podrían coger,
sin pensar en las consecuencias de sus actos,
todo lo que estaban a punto de perder
y todo lo que perderían.

ASCENSO

FELICIDAD, QUÉ BONITO COLOR TIENES

Desconocía el color que tenía la felicidad.
En aquel entonces no lo sabía,
puede que incluso ahora esté equivocada.
y, en realidad, no conozca
ni una pequeña parte
de lo que esta significa.

Pero, en ese momento,
cobró el color de tus ojos.
Y puedo jurar que hasta el arcoíris
se murió de la envidia.

SATURNO

Las estrellas se antojaban lejanas,
inalcanzables y minúsculas
desde el estrecho balcón,
marcando con el dedo el punto
donde se encontraban,
dibujando un mapa celeste en código morse.
Pensando en ellas noche y día,
caminabas con la mirada fija en el suelo;
la mía, clavada sobre el cielo,
dando vueltas alrededor
de las miles de historias posibles
que podrían fraguarse en aquel lugar.

Un día, recibí su invitación.
Hicimos un trato:
te quedaste paseando por la luna
y yo, girando en Saturno,
escuchando todas las historias
que las estrellas deseaban contar.

DOMINUS

Jamás llevé correa.
Te confundiste al creer la sumisión
que mis ojos quisieron mostrarte.
Confundiste a un animal domesticado
con uno a punto de atacar.
Ahora, tengo tu cuello entre mis fauces,
sin darte cuenta de ello hasta este momento.
Aguantas mi mirada,
pensando que tiro de farol;
simplemente estás viéndome,
mostrando los dientes al fin.
Te equivocaste.
Fuiste tú quien llevaba el collar al cuello,
y yo, la que tiraba de él.

SPAM

Reza, come, ama.

Todavía mejor.
~~Reza, come,~~ ama.

JUICIO FINAL

Rezaba de rodillas,
pidiendo a tus ojos la penitencia
que me correspondía.

Me llamaron pecador,
culpable por rendirme a tus pies,
a la grandeza de tu figura;
corrupto de espíritu al traicionar
mis antiguas creencias.

Me llamaron pecador
por desear ser testigo del milagro
del gratuito amor que brindaban
tus amables manos;
la atea serpiente que se arrepintió
de querer alcanzar el talón
y se sintió una devota creyente.

Me llamaron pecador.
Yo no rogaba piedad ni misericordia.
Bajar del cielo, ascender al infierno,
rogar buscando caer en la tentación
de no librarme del mal que campaba
a sus anchas en pecaminoso corazón.

Y rezar a la Trinidad,
—Pasado, Presente y Futuro—
para que tu juicio fuera eterno.

SEMILLA

Fracasar es decepcionar.
Es fallar, a uno mismo y al resto.
Fracasar es caerte en el camino.
Es parar, pausar.

Fracasar, simplemente, es fracasar.
Y existió un instante en el que fracasar
me pareció mi muerte.
Me sentí cavando mi propia tumba,
tumbada sobre la húmeda tierra
mientras observaba el cielo sobre mí,
regando de lágrimas la suave superficie,
sin saber si ascendería por olas saladas,
o una semilla perdida podría crecer
en tales circunstancias.

Fracasar significó todo para mí.
En otro tiempo caí,
aunque quizás nunca lo hice.
Parar no me hizo fracasar.
Tratar de ser feliz no es fallar.
Tuve que detenerme para darme cuenta;
dolió caer de rodillas, pero más dolió levantarse.
En aquella tierra creció una flor.
Yo solo tuve que seguir,
deseando saber si desde la cima,
vería aquella flor.

Reina roja

Cayendo a través de la madriguera,
encontré placer en caer
a través de tu oscura mirada.
Y yo me sentí más que encantada
de caer a un país de maravillas,
donde tus dulces palabras
hacían crecer mi corazón
hasta dimensiones sobrehumanas,
irreales, hasta para tal extraño mundo,
amenazando contra su lugar
entre mis costillas y mi pecho,
sintiéndome minúscula
en un cuerpo que no parecía pertenecerme,
cercano a la locura,
hormigueando
bajo el adicto hechizo de tu risa,
hasta hacerme desaparecer
bajo aquel cerúleo vestido,
empapada de cada vívido rincón
que me permitías distinguir,
hasta enamorarme
de aquel maravilloso lugar
que me hizo perder la cabeza,
sin necesidad de que ninguna reina
me la cortara.

CUADERNO DE BITÁCORA N.º 3

A la tercera va la vencida,
¿no?

Tijeretazo

Corté mi pelo como símbolo,
queriendo marcar un antes y un después,
alzando mi puño entre el silencio,
en un grito a voces,
dejando entrever las diferencias
que tanto anhelaba lucir,
al igual que un vestido de gala.
Corté cada mechón.
Dejé ir cada uno de los oleosos tentáculos
que se aferraban a mi mente con fuerzas,
negándose a marchar,
a salvo a golpe de tijera,
corta espada que acababa con su férrea huella.
Con cada pelo que caía,
más ligera me sentía.
En aquel instante no tenía miedo.
Yo solo sanaba
para así poder correr,
siendo yo,
siendo libre.

POESÍA

Me pierdo leyéndole,

atrapada cada tres palabras,
incapaz de acabar la multitud de versos;
atrapada entre sus páginas,
que abrazan,
que se enredan lentamente
sobre cada rincón a su alcance,
acompasando mi lectura
con su viva presencia;
embelesada por sus oscuros trazos de tinta,
por la ardiente huella
que incendia la yema de mis dedos
al recorrer cada una de sus letras.

En todas las ocasiones que leía,
las distintas palabras calaban hondo en mí,
en mi mente.
Y esto no era algo
a lo que estuviera acostumbrada,
robando mi aliento
una vez que me atrevía a cerrar su portada,
pensando en él, en su poesía,
aun con los ojos cerrados
y la mente dormida.
Pero con el corazón despierto,

en una incesante cuenta atrás,
hasta abrir de nuevo sus páginas,
para beber de ellas hasta memorizar
el conjunto de hermosos trazos
que lo conformaban.

Tal vez,
él no supiera leerla.
Pero todo en él
es poesía.

A FLOTE

El agua se deslizaba en un suave *ballet,*
estirando su ser,
extendiéndose hasta ajustarse
contra la superficie que le contenía,
golpeando contra el cristal de la mampara;
una tormenta encerrada entre las húmedas
paredes de la ducha,
ascendiendo de forma imposible,
llevándome con ella,
llevándose mi salada tristeza.
Y así, siendo mecida en su templado brazo,
transportada a su infinito escenario,
cubriendo mi cuerpo y mis sentidos,
vagando por las aguas,
sin mano que me irguiera,
que separara las aguas,
depositándome en tierra firme.

Dios no necesitó tirarme ningún ancla.
Me dejé llevar por la corriente, flotando,
aprendiendo de su cambiante ritmo.
Y cuando lo intenté,
supe nadar sola.

PERSEVERANTIA

Ascender no era subir sin descanso.
No significaba acabar antes o después.
Siempre trató de ello.
Atreverse,
sin importar el tiempo,
el cansancio o el camino.
Lo único que verdaderamente importa
es creer que puedes conseguirlo.

Costase lo que costase,
coronaría aquella cima,
haría mía esa montaña,
y ya que la montaña no vino hacia mí,
yo iría hasta ella.

ESPEJO

BILIS

Su sabor inunda mis sentidos.
El fondo terroso del miedo
me dificulta tragar,
genera sobre mi estómago
un violento nudo
que pone a mi organismo sobre aviso.
Advierte.
Pero mi voluntad agacha la cabeza,
pesarosa, rindiéndose a lo inevitable,
sin resistencia
a aquella sensación que conoce
de primera mano, sometida,
sin dejarla ir,
sin poder hacer otra cosa
más que mirar y dejarla ser.
Sentir cómo se instala a lo largo de mi cuerpo
la ácida vergüenza
de que no tendría por qué ser así
y, simplemente, sucede,
aun deseando huir, en lo más profundo
de esa amarga culpa que recorre mi garganta
en su sedosa caricia,
hincando su férreo agarre
en mis pulmones,
robándome el aliento,
sobrecogida por el profundo dolor,

apretando con fuerza los ojos,
luchando por soportar el horrible sabor
que parece dominar todo mi sistema,
esperando a que pase,
a que todo acabe
hasta la próxima vez.
Solo puedo aguantar el profundo ardor
de culpa que asciende descontroladamente,
con las temblorosas manos sobre los labios,
presionando.
Un secreto que debe permanecer oculto,
que jamás debería ver la luz:
solo queda tragar.

ATÓMICO

Lo nuestro no se trató en ningún momento
de química básica.
Obviando la oxidación,
la frágil combustión con el oxígeno,
rompiste todos los malditos esquemas
que sustentaban
lo que creía conocer firmemente.
Desafiaste a Le Châtelier
y a su legítima ley,
sufriendo tal alteración,
que mi sistema no logró encontrar jamás
un nuevo equilibrio, un nuevo sentido.
Creaste enlaces iónicos alrededor
de mi corazón y mi alma.
Y sin saber nada de química,
me dejé hacer.
Me dejé llevar
por el sinuoso e inestable ritmo
de mi ansioso corazón,
vaticinando a duras penas
el alcance que ejercería tu esencia
sobre mi persona,
como la fuerza de la luna se yergue
sobre la inmensidad de los océanos,
como la gravedad me llevaba,
irresistiblemente, hasta ti.

Y sin saber sobre física,
caí hacia ti sin control,
producto de una descontrolada aceleración,
de la fisión de mi núcleo,
de otros mil factores cuyo nombre
no necesitaba conocer.
Desconocía muchas de las cosas
que me rodeaban,
pero siempre tuve la certeza
de que lo nuestro siempre
se trató de algo nuclear.

PISTAS

Miro hacia el cielo.
El infinito prado celeste
de formas suaves y pálidas,
buscando en sus ondas
una señal:
cómo seguir,
qué debo hacer.
Porque estoy perdida,
y lo único que tengo
es una voz que me susurra:
«Mira arriba».

ARRIBA ES ABAJO

De pequeña me enseñaron
que lo que más importante
es que fuera feliz.
Que fuera yo misma.
Los demás me apreciarían por ello,
por ser simplemente yo.

No pensé que costara tanto,
cuando se suponía
que la gente que me quería
me haría la zancadilla.

MARTES

Los martes son el aviso
de que se acerca la arena
a la mitad del reloj.
El día siguiente a los terribles «hoy es lunes».
Los martes, simplemente, son martes.

Comencé a odiar los martes
cuando me rasgaron el corazón.
Cuando me sentí tan expuesta
como en un escaparate,
abierta de par en par,
sujetando entre mis temblorosas manos
la sangrienta carnicería
de la que había sido testigo, y víctima,
observando desde arriba
lo que ocultaba el interior,
dejando caer una piedra,
buscando tocar fondo,
tratando de hallar respuestas
para aquel laberíntico rompecabezas
al que no creía poder encontrar solución.
Dejé de odiar los martes,
para aprender a amarlos.

PÉTALOS DE MARGARITA

Amo la sensación que me creas,
el cosquilleo que se extendía
cortocircuitando todo lo demás.
Te odio en esa puñalada por la espalda;
el empujón hacia el centro
en el silencio tras tu cobarde retirada.
Amo tu presencia,
tu mano en la espalda incitándome a seguir;
el poder, la seguridad que me dice
que todo estará bien.
Te odio por tu juicio.
Esa acusación que se hunde en mi pecho
y me hace sangrar.

Te amo por la sabiduría
que inunda hasta el último centímetro
de mi mente,
que voltea mi vista hacia el interior,
a otros mundos que jamás
habría pensado alcanzar.
Te odio por saborear el dolor
de lucrarte por ello,
nadando entre las lágrimas en paz.
Extrañamente,
te amo y te odio
al mismo tiempo.

A CADA PÁGINA

Quería leer aquel libro.
Lo miraba de reojo, allí,
en lo alto de la estantería,
deseando alcanzarlo,
llena de curiosidad.
Y cuando fue mío,
no resultó lo que esperaba.

No llegaba a entender ninguna de sus páginas.
Algunas estaban incompletas,
otras debían doblarse para leerse.
En ocasiones, ocupó el fondo de la estantería,
oculto tras historias más interesantes,
más sorprendentes,
en el último rincón,
aunque siempre quedó lugar para él,
fuera este al final.
Pero no me di por vencida,
a pesar de no entender
lo que sus páginas querían decirme.
Necesité conocer cada una de las señales,
cada recoveco para hacerme a él,
para comprenderle,
para apreciar su forma y contenido,
manteniendo mi atención en vilo
a cada palabra,

logrando amar cada pedacito
de aquel singular libro,
alegrando mi día,
a la par que hacía sobrecoger mi corazón.

No fue una lectura fácil,
pero volvería a releerlo una y otra vez,
sin cansarme,
sin sorprenderme por su historia.

Se convirtió en mi libro favorito
y supe que me elegiría siempre.

ANATOMÍA DE ESCRITOR

La pasión guía mi pluma.
El amor posa su mano sobre mi hombro,
me anima a continuar.
La ira incendia mi pecho, caldea mi garganta,
incita a mis labios a gritar
todas aquellas palabras
que nunca se atrevieron a contar.
La cordura escapa de mi alma,
dejándome sola,
bailando con el tranquilo silencio.
El ingenio posee mi mente, mis manos.

Así es como vivo,
como sangro
a través de estos versos.
Así es como escribo,
viviendo entre las letras,
con ellas en mí.

FLORERE

Mi casa era un amplio jardín
que se extendía más allá de lo que la vista
alcanzaba a percibir.
Una maravilla a todo color, a toda sensación.
Hubo tiempos donde dejé que cogieran
lo que quisieran,
como recuerdo, como regalo.
Y cuando quienes visitaron mi hogar
se marcharon,
dejaron tallos rotos,
flores arrancadas.
Se fueron y dejaron cicatrices en mi hogar,
huellas en mi corazón herido,
encontrándose perdido
entre el caos y el desorden,
sin saber qué hacer.

Dejar libre al enfado, a la ira
y negar el paso
a quienes intentaran entrar.
Que el miedo decidiera
que el dolor era más peligroso
que el placer.
Preferir la sequía de esa maravillosa tierra
antes que ver destruida la primavera,
hasta que la calma golpea el hombro del corazón

y señala. Le señala, ahí entre la suave hierba,
observando hasta el más minúsculo detalle,
arrodillándose frente a unos rosados pétalos,
alargando la mano.
El corazón aguanta el aliento,
mientras sus dedos recorren el iridiscente
contorno con una sonrisa
y, en ese momento, encuentra su respuesta.

ULTIMÁTUM

Nuestras miradas
parecían contener la respiración,
aguardando el mínimo movimiento
por parte del otro.
Temerosas,
a la par que ansiosas,
suplicaban entre el frágil silencio
que se extendía como niebla,
acaparando hasta el último
centímetro libre entre nosotros,
enredándose,
rozando nuestras manos,
invitándolas a separar la distancia.
Aquel mutismo era la temible interrogación,
la gran cuestión que giraba
en torno a la trama.
Era el frío cuchillo contra el sibilante pulso;
el pie a punto de pisar el freno;
el último segundo en el contador;
Era aquella pausa,
ese instante que marca un antes y un después.
Un silencioso ultimátum:
o te vas,
o te quedas,
pero para siempre,
rezando,

suplicando,
como nunca antes lo había hecho,
para que sus labios susurraran:
«Cómo no voy a quedarme…».

MIS DIEZ MANDAMIENTOS

I. Dime algo.

II. Hazme olvidar que cuando despierte
no estaré contigo.

III. Abrázame para tratar de mantener
todos los pedazos unidos.

IV. Ámame como si fuera tú.

V. Miénteme para que no duela.

VI. Codicia cada beso, cada abrazo,
cada mirada, cada aliento.

VII. Inspira, contén, espira.

VIII. Mírame a los ojos
cuando tu corazón hable.

IX. No te falles.

X. Di adiós.

RUINA

Una flecha atravesaba mi corazón
de lado a lado,
sobresaliendo del pecho,
macabramente.
Un paisaje impresionista
en pinceladas carmesíes;
la perpetua oda;
el culmen en la melodía del violín;
la brusca pausa de mi respiración
al no poder hacerlo,
condenada al angustioso dolor
que abrazaba mis entrañas
y torturaba mente, alma, ojos y labios,
junto a los restos de mi maltrecho
y maldito corazón,
despiezado
ante el sin sentido placer
que experimentaba cada célula,
cada molécula de mi ser
a tu presencia;
destruida por tus abrazos y tu sonrisa,
llena de dulces caricias;
tus besos, que incendian cada resquicio,
cada grieta,
mientras mi corazón se reduce a polvo
y suplica «destrózame».

RECORDATORIO

Para ganar, hay que luchar.

Pero para ganar,
a veces hay que ensuciarse.

Aliento

Mi mente
se fraguaba con versos y prosa.

La oscura tinta
moteando la sangre
que corría por venas
y arterias.

Escribir no se convirtió
en un ritual,
en olvidar,
en sanar.
en cicatrizar.

Escribir no me salvó
la vida.

Me la dio.

CUADERNO DE BITÁCORA N.º 100

Lo sabía.

TÉRMINO

Las memorias que escribí con tinta negra
fueron fruto de las lágrimas
que lloraba mi corazón,
inundado hasta los topes.
Tirar del tapón que tanto tiempo
llevaba anclado en el fondo
se sintió una forma de sanar;
se sintió un abrazo a mí misma,
a todo lo que llevaba guardado en silencio.
Y me sentí una impostora,
ajena a aquello que había expuesto,
de repente,
que no me pertenecía,
avergonzada de que todo ello procedía de mí,
siendo al mismo tiempo
lo más sincero y profundo
que habitaba en mi interior.
Ahora, todo es distinto
y, a la vez, no.
Estas líneas se sienten diferentes:
una declaración de intenciones,
sobre todo, a mí.
Este libro sostiene tu mirada, es un igual.
Es el respeto, es el orgullo.
Ese «sigue adelante».
Te veo en cada poema,

en cada verso, palabra y letra.
Y sólo queda abrazarme,
sentirme llena y orgullosa.
Aprendiendo
me veo,
igual que te veo a ti.

www.ingramcontent.com/pod-product-compliance
Lightning Source LLC
LaVergne TN
LVHW091027150826
845672LV00006BA/1722

* 9 7 8 8 4 1 9 8 2 7 2 8 9 *